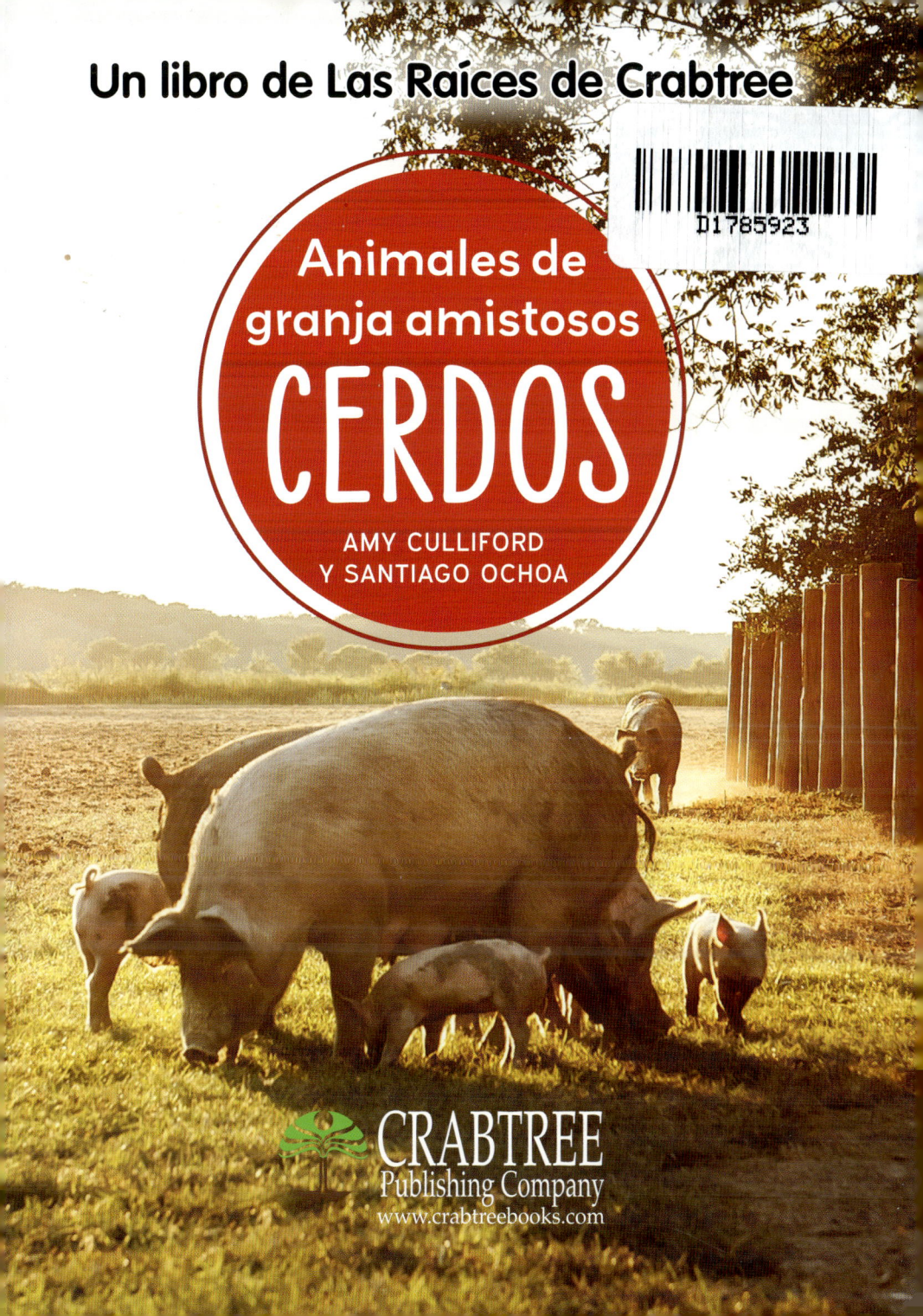

Un libro de Las Raíces de Crabtree

Animales de granja amistosos
CERDOS

AMY CULLIFORD
Y SANTIAGO OCHOA

CRABTREE
Publishing Company
www.crabtreebooks.com

Apoyos de la escuela a los hogares para cuidadores y maestros

Este libro ayuda a los niños a crecer al permitirles practicar la lectura. Las siguientes son algunas preguntas de guía que ayudan a los lectores a construir sus habilidades de comprensión. Las posibles respuestas están en rojo.

Antes de leer:
- ¿De qué creo que trata este libro?
  - *Este libro trata sobre los cerdos.*
  - *Este libro trata sobre los cerdos que viven en granjas.*
- ¿Qué quiero aprender sobre este tema?
  - *Quiero aprender qué comen los cerdos.*
  - *Quiero aprender de qué colores puede ser un cerdo.*

Durante la lectura:
- Me pregunto por qué...
  - *Me pregunto por qué algunos cerdos son rosados.*
  - *Me pregunto por qué los cerdos dicen oink.*
- ¿Qué he aprendido hasta ahora?
  - *He aprendido que los cerdos pueden ser grandes o pequeños.*
  - *He aprendido que los cerdos pueden ser de diferentes colores.*

Después de leer:
- ¿Qué detalles aprendí de este tema?
  - *He aprendido que los cerdos pueden tener manchas.*
  - *He aprendido que los cerdos comen mucho.*
- Lee el libro de nuevo y busca las palabras del vocabulario.
  - *Veo la palabra **manchas** en la página 10 y la palabra **rosados** en la página 8. Las demás palabras del vocabulario están en la página 14.*

Este es un **cerdo**.

Algunos cerdos son grandes.

Algunos cerdos son pequeños.

Los cerdos pueden ser **rosados**, negros o cafés.

9

¡Algunos cerdos tienen **manchas**!

Los cerdos comen todo el día.

Todos los cerdos dicen *¡oink!*

Lista de palabras

Palabras de uso común

cafés	grandes	son
comen	negros	tienen
dicen	pequeños	todos
es	pueden	un
este	ser	

Palabras para aprender

cerdo **manchas** **rosados**

35 palabras

Este es un **cerdo**.

Algunos cerdos son grandes.

Algunos cerdos son pequeños.

Los cerdos pueden ser **rosados**, negros o cafés.

¡Algunos cerdos tienen **manchas**!

Los cerdos comen todo el día.

Todos los cerdos dicen *¡oink!*

Written by: Amy Culliford
Designed by: Rhea Wallace
Series Development: James Earley
Proofreader: Kathy Middleton
Educational Consultant: Christina Lemke M.Ed.
Spanish Adaptations: Santiago Ochoa
Spanish Proofreader: Base Tres

Photographs: Shutterstock: Irina Kozorog: cover (tl); Alexander Raths: cover (tr); Artby Pixel: cover (b); ccpixx-photography: p. 1; Konmac: p. 3, 4-5, 14; sinagrafie: p. 7; C.Lotongkum: p. 9 (t), 14; Juan Aunion: p. 9 (b); accept-photo: p. 10-11, 14; QiuJu Song: p. 12; Eric Buermeyer: p. 13

Library and Archives Canada Cataloguing in Publication
Title: Cerdos / Amy Culliford y Santiago Ochoa.
Other titles: Pigs. Spanish
Names: Culliford, Amy, 1992- author. | Ochoa, Santiago, translator.
Description: Series statement: Animales de granja amistosos | Translation of: Pigs. | Translated by Santiago Ochoa. | "Un libro de las raíces de Crabtree". | Text in Spanish.
Identifiers: Canadiana (print) 20200413902 | Canadiana (ebook) 20200413910 | ISBN 9781427134462 (hardcover) | ISBN 9781427132833 (softcover) | ISBN 9781427132895 (HTML)
Subjects: LCSH: Swine—Juvenile literature.
Classification: LCC SF395.5 .C8518 2021 | DDC j636.4—dc23

Library of Congress Cataloging-in-Publication Data
Names: Culliford, Amy, 1992- author.
Title: Cerdos / Amy Culliford y Santiago Ochoa.
Other titles: Pigs. Spanish
Description: New York, NY : Crabtree Publishing Company, [2021] | Series: Animales de granja amistosos - un libro de las raíces de Crabtree | Includes index. | Audience: Ages 4-6 | Audience: Grades K-1 | Summary: "Early readers are introduced to pigs and life on a farm. Simple sentences accompany engaging pictures"-- Provided by publisher.
Identifiers: LCCN 2020055617 (print) | LCCN 2020055618 (ebook) | ISBN 9781427134462 (hardcover) | ISBN 9781427132833 (paperback) | ISBN 9781427132895 (ebook)
Subjects: LCSH: Swine--Juvenile literature. | Livestock--Juvenile literature.
Classification: LCC SF395.5 .C8518 2021 (print) | LCC SF395.5 (ebook) | DDC 636.4--dc23
LC record available at https://lccn.loc.gov/2020055617
LC ebook record available at https://lccn.loc.gov/2020055618

Crabtree Publishing Company

www.crabtreebooks.com   1-800-387-7650

Copyright © 2021 **CRABTREE PUBLISHING COMPANY**

All rights reserved. No part of this publication may be reproduced, stored in a retrieval system or be transmitted in any form or by any means, electronic, mechanical, photocopying, recording, or otherwise, without the prior written permission of Crabtree Publishing Company. In Canada: We acknowledge the financial support of the Government of Canada through the Canada Book Fund for our publishing activities.

Printed in the U.S.A./022021/CG20201204

Published in the United States
Crabtree Publishing
347 Fifth Avenue, Suite 1402-145
New York, NY, 10016

Published in Canada
Crabtree Publishing
616 Welland Ave.
St. Catharines, Ontario L2M 5V6